Conhece o Mário?

SOBRE O AUTOR – Neltair Abreu nasceu na cidade gaúcha de Santiago, cujo nome adotou como pseudônimo. Começou sua carreira em 1975, na *Folha da Tarde*, de Porto Alegre, onde permaneceu por quase dez anos, até o fechamento do jornal. Atuou no *Coojornal*, no *Pasquim*, em *O Estado de São Paulo*, na revista *Bundas*, na agência Cartoonists & Writers Syndicate, de Nova York, e na agência Cartoon Archive, da Alemanha. Foi premiado cinco vezes no Salão de Humor de Piracicaba, duas vezes no Salão do Canadá, cinco vezes, entre eles com o Grand Prix, no concurso do jornal *Yomiuri Shimbun*, de Tóquio, e recebeu também o primeiro lugar do concurso da agência Sofia Press, da Bulgária, em 1987.

Livros do Autor pela L&PM Editores:

Humor Macanudo (1976)
Refandango (1977)
Gauchíssima trindade (1978)
Ninguém é de ferro (1993)
Povaréu (1994)
O melhor do Macanudo Taurino (1997)
De papo pro ar (1998)
FHC: quem tê viu, quem te vê (1999)
Não tá morto quem peleia (2001)
A dupla Sertanojo (2003)
Tinta fresca (2004)

Santiago

Conhece o Mário?

www.lpm.com.br

L&PM POCKET

Coleção **L&PM** Pocket, vol. 553

Capa: Bernardo Abreu
Revisão: Jó Saldanha

ISBN: 85.254.1616-9

S235c   Santiago,   pseud.
            Conhece o Mário?/ Neltair Rebes Abreu; ilustrações do autor. – Porto Alegre: L&PM, 2006.
           112 p. : il. ; 18 cm. – (Coleção L&PM Pocket)

           1.Literatura brasileira-Humor.2. Abreu, Neltair. I.Título.II.Série.

CDU 821.134.3(81)-7

Catalogação elaborada por Izabel A. Merlo, CRB 10/329.

© Santiago, 2006

Todos os direitos desta edição reservados à L&PM Editores
PORTO ALEGRE: Rua Comendador Coruja 314, loja 9 - 90220-180
           Floresta - RS / Fone: 51.3225.5777
PEDIDOS & DEPTO. COMERCIAL: vendas@lpm.com.br
FALE CONOSCO: info@lpm.com.br
www.lpm.com.br

Impresso no Brasil
Primavera de 2006

SUMÁRIO

Nota do Autor / 6
Os porquês (ou as porquices!) do "Conhece o Mário?" / 7
Tinha que ser o Mário! / 11
As de nomes próprios / 15
As do tempo / 28
As de bichos / 34
As do verbo dar / 38
As de comidas & bebidas / 43
As de lugares / 56
As de oportunidades & negócios / 60
As de carros & veículos / 69
As de esportes / 75
As de relações humanas / 78
As genéricas & sortidas / 88
As modernas / 104

Nota do Autor

Devo justificar que para manter a oralidade e o clima do palavreado de bolichos e galpões de estância atropelei algumas vezes a língua portuguesa, principalmente em relação à concordância de verbos como no uso do pronome "tu", característico da gauchada.

Os porquês (ou as porquices!) do "Conhece o Mário?"

É duro admitir que este livreco seja apenas o que é: puro exercício da sacanagem e da tiração de sarro. Portanto, melhor empurrar-lhe uns ares de coisa séria.

Nas fazendas do pampa gaúcho, quando chove, pouco há o que fazer. A peonada então se reúne no galpão em volta do fogo para matear. Aí, o uso da palavra e a sua manipulação (ou seria linguapulação, professor Leonam?) se tornam uma das poucas chances de lazer.

A possibilidade de jogar com o duplo sentido ou os cacófatos resultam numa antiga e divertida brincadeira verbal, que consiste em pegar desprevenido o interlocutor, encostando literalmente o cujo à parede, ao fazê-lo concordar com uma traiçoeira afirmação pornográfica e machista.

Um exemplo clássico é a pergunta: "Vou comprar 10 kg de carne. Será que dá pra 20 comer?". Sempre existe um ingênuo para responder, confirmando o cálculo que a frase sugere, em que a sonoridade do número 20 se confunde com a expressão mais que capciosa, "vim te comer".

É o famoso jogo da empulha, como é referido na campanha gaúcha e que nas cidades chamam "pegadinha". Até hoje não sei a origem, mas conheço e pratico desde guri. Afinal, cultura, qualquer uma, tem que ser continuada!

Meu aprendizado foi na fazenda de um tio, onde um peão de nome Érico era campeoníssimo ("Vamos fazer um jogo de empulha, Érico?" Resposta rápida: "Meu pau no teu cu mergulha!"). Havia que se cuidar sempre de suas frases ardilosas, que continham sempre um duplo sentido inevitavelmente malicioso. A brincadeira era mais engraçada quando envolvia as mulheres, que nem desconfiavam e sempre caíam na resposta desejada. Então a gurizada se refugiava no galpão, reduto só dos homens, para o riso escondido que o proibido tornava mais jocoso. Tentar pegar o Érico era impossível, seu infalível radar detectava qualquer possibilidade de duplo sentido ("Só correndo podem me pegar!").

Mas todo veneno tem seu antídoto, e para as empulhas campeiras havia uma palavra mágica: *faca*. Era a defesa que cortava tudo, numa imaginária emasculação do atacante. Aplicada como resposta para qualquer pergunta dúbia, era a nossa criptonita verde contra o poder humilhatório da empulha. Havia até os que reforçavam a dose do remédio, multiplicando os recursos escapatórios: *faca, nava-*

lha, machado, serrote, até os mais modernos, como *motosserra.*

Tentei aqui reunir alguma coisa do que a memória não me sacaneou, amparado pela preciosa colaboração de amigos, para, fazendo de conta que estamos somente nos divertindo, colaborar com a antropologia cultural. Assim fica o (in)útil registro desse estranho jogo cujo maior troféu, além das boas risadas, é a glória mais inglória que existe: passar por agente ativo de uma relação homossexual consumada exclusivamente pela agilidade do raciocínio.

E se os psicólogos e psicanalistas vierem com as suas teorias e seus fróides pra cima do gozo dessa hilária tradição oral, a gente se defende do único jeito que funciona: faca!

Aos leitores, bom proveito e a recomendação do autor: passem as empulhações às novas gerações. Afinal, parentes, amigos e colegas estão aí pra isso mesmo.

Santiago

Tinha que ser o Mário!

O Santiago todos conhecem. Aprendemos a identificar seu traço e seus personagens que nos aproximam do gaúcho que um dia fomos, nem que seja nos pagos da imaginação. Neste livro, o seu lado de folclorista é que se agranda. Disfarçado de bom humor, é um apanhado sério que o autor faz, quase um dicionário de empulhas – essas perguntas e respostas chistosas de conteúdo quase sempre sexual.

Nosso gaúcho ancestral sempre valorizou a palavra e o duelo verbal; a resposta rápida e certeira era sinal de sabedoria e virilidade impositiva. A cultura era sobretudo oral, então as frases de espírito e os ditos eram a síntese da sabedoria da época. A trova era a forma maior e artística dessa agressividade verbal, enquanto a empulha era seu lado menor, um treino para os embates maiores. Digamos que a empulha é o estágio preparatório para a trova. Mas ela é mais que isso, pois embora a maior parte de nós não se dedique à arte da trova, não há macho que não necessite da resposta na ponta de língua e que não precise saber fazer uma provocação digna da sua macheza. Ser homem no interior é saber tirar sarro com a cara do outro sempre que possível, e é também saber rebater uma empulha. Portanto, pelo menos aqui nos pagos, a empulha é estágio pra ser homem, faz parte dos ritos de iniciação do macho gaudério.

Erico Verissimo nos deu uma imagem inesquecível da importância do duelo verbal. Quando Rodrigo Cambará entra pela primeira vez em Santa Fé, apeia na frente dum bolicho e entra dizendo: – *"Buenas que me espalho, nos pequenos dou de prancha, nos grandes dou de talho"*. – *"Pois dê"* responde Juvenal Terra, já puxando um punhal. Um desaforo desses não se levava para casa naqueles tempos. Rodrigo recua e diz que era de brincadeira, e que já está cansado de guerra. Desfeito o mal-estar esses homens vão se tornar grandes amigos, mas só depois de mostrar um ao outro que podiam se enfrentar, que não tinham medo de sangue, que eram iguais na valentia. Esse era o gaúcho, sempre atento ao que era dito, pois existir socialmente passava por se enfrentar também com palavras.

O trabalho folclórico costuma começar quando certas formas estão ameaçadas de extinção, será esse o caso deste livro? Será que a urbanização e a linguagem pasteurizada pela TV vai matar essas manifestações de galpão? Difícil dizer, a agilidade verbal está presente em outras manifestações da cultura popular. Mas nesses duelos gaudérios, ou sua versão iniciática, a empulha, há um elemento importante, pelo qual valeria a pena sua preservação, pois é de grande utilidade pública: sublima e ritualiza a agressividade entre os homens. Enquanto pudermos gingar com as palavras, numa dança de frases, de tiradas de espírito e de provocações cheias de humor, com certeza não precisaremos matar ou ferir para provar a que viemos. Pois se o gaúcho é aquele cara aparentemente tosco, que não teria o jogo de corpo, nem a malícia de que se orgulham os outros habitantes do Brasil, é na força poética e humorística de suas trovas que ele mostra que é também artista.

As prendas é que ficam meio assim com as empulhas, afinal, isso é coisa de macho e não se fala essas coisas na frente delas. Não é que mulher seja um espécime pacífico da raça humana. Entre elas, são capazes de tiradas, observações sutis ou ditos de aparente inocência que no entanto são um verdadeiro cavalo de tróia, contendo um exército de maldade em seu interior. Se a empulha carrega nas tintas da competitividade masculina, já as mulheres, entre um beijinho estalado e outro, não deixam a desejar em termos de provocações mútuas, fininhas como agulhas, porém certeiras. Talvez na grossura do macho, sem querer, mas fazendo, puxar a brasa para a nossa sardinha, há mais gozação do que violência, pois qualquer coisa fica mais leve com as tintas do humor. Portanto empulha é coisa de homem, do tipo grosso, de fala chula, sem papas na língua, mas de grande coração...

Mas não podemos esquecer que a empulha tenta estabelecer uma virilidade para cima de um igual, ou seja, o outro e semelhante pode servir, ainda que imaginariamente, como objeto erótico. Aqui, talvez haja uma dimensão de homoerotismo velado...

Santiago! Larga essa faca vivente...

Mário Corso
Psicanalista

As de nomes próprios

Vamos começar pelo começo:

– Conhece o Mário?
– Qual é o Mário?
– Aquele que te agarrou atrás do armário!

Contra-venenos:
– O Mário trocou de nome e tá comendo os otários.
– O Mário trocou de profissão e tá comendo adivinhão.

– Conhece o Guido?
– Qual é o Guido?
– Aquele que te agarrou no armário embutido.

– Conhece o Mauro?
– Qual é o Mauro?
– Que te agarrou atrás do armário.
– Mas esse é o Mário.
– Ah! O Mário também?

– Conhece o Lochas?
– Qual é o Lochas?
– Aquele que te "ó" nas cochas.

NOME: LOCHAS CARAMURU

CARGO: SETOR DE PERFURAÇÕES

– Conhece o Narunda?
Sem comentários.

– Conhece o Edu?
Sem comentários.

– Conhece o Ramalho?
Sem comentários.

– Conhece o Borba?
– Qual é o Borba?
– Aquele que te rasgou a cueca Zorba.

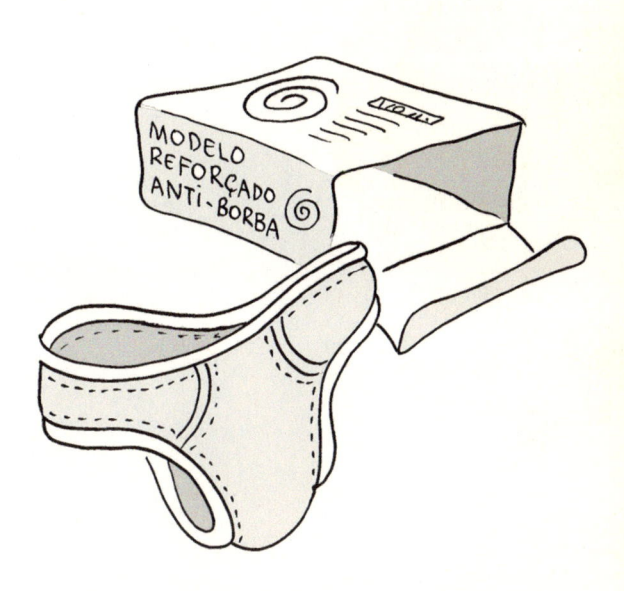

– Conhece o Vidigal?
– Qual é o Vidigal?
– Aquele que te agarrou no quintal.

– Conhece o Castilho?
– Qual é o Castilho?
– Aquele que te arrombou o fundilho.

– Conhece o Renato?
– Qual é o Renato?
– Aquela que te agarrou no mato.

– Conhece o Colombo?
– Qual é o Colombo?
– Aquele que te juntou atrás do biombo.

– Conhece o Bento?
– Qual é o Bento?
– Aquele que te enfiou os cabelos do rabo pra dentro.

– Conhece o Bira?
– Qual é o Bira?
– Aquele que deixou o rabo em tira.

– Conhece o padre Quirino?
– Qual é o padre Quirino?
– Aquele que te funchou na torre do sino.

– Conhece o Wanderley?
– Qual é o Wanderley?
– Aquele que te pegou na sauna gay.

– Conhece o Agenor?
– Qual é o Agenor?
– Aquele que te deixou o rabo em flor.

– Conhece o Degas?
– Qual é o Degas?
– Aquele que te botou nas pregas.

– Conhece a Paula?
– Qual é a Paula?
– Pauladinha no teu rabo.

— Me disseram que te viram beijando a Lu!
— Que Lu?
— A lustrosa cabeça do meu bicho.

— E aquela festa em que tu te apaixonaste pela Inês?
— Que Inês?
— A inesquecível cabeça do meu ....etc.

— Conhece a Mara?
— Que Mara?
— A maravilhosa cabeça do ....etc.

– O Ido perdeu um anel na frente da tua casa. Tu não tá com o anel do Ido?
(Com o anel doído.)

– Conhece o Juska?
– Qual é o Juska?
– Aquele que te agarrou num fusca.

– Conhece o Alfeu?
– Qual é o Alfeu?
– Aquele que te comeu.

– Conhece o Goida?
– Qual é o Goida?
– Aquele que te rebentou a hemorróida.

– Conhece o Moa?
– Qual é o Moa?
– Aquele que te comeu na garoa.

– Te apresento um amigo.
– De onde que saiu?
– De trás do muro.
– Do que que se alimenta?
– Do pau do burro.
(A brincadeira se fazia a três, sempre tirando o apresentado pra bobo.)

– O que que o Lima é teu?
(O que que *lhe meteu?*)

– Tu és Mota com dois T juntos?
(*Com dois te junto* no sentido de juntar.)

– Eu fui na casa do Tinga, o Tinga não tava, mas o irmão do Tinga tava.
(O irmão do *te engatava*.)

– O seu Upa e o seu Cupa foram pintar com escada. Enquanto o seu Upa subia o seu Cupa descia.
(O seu *cu padecia*.)

– Sabe o Kevin?
– Que Kevin?
– Kevin dá pra mim?

– Conhece o Nivrinhas?
Esta era usada pelo sogro do cartunista Kayser, senhor Hélio Pereira, que morreu sem nos revelar a resposta-chave. Como no filme "Cidadão Kane", virou uma espécie de Rosebud das pegadinhas. Quem souber nos diga.

As do tempo

— Que calor sente-se aqui?
(*Sente-se* no sentido de sentar, evidentemente no colo do empulhador.)
Contra-veneno:
— Sente-se mais em terras minhas.
(*Em terras minhas* no sentido de enterrar.)

– Tô querendo suar a bunda!
(Dito rápido: tô querendo *a sua* bunda!)

– Num calorão desses até elefante na bunda sua!
(Elefante *acomodado* na sua bunda).

– Com esse calorão até marinheiro em terra na bunda sua!

(Marinheiro *enterra* na *sua* bunda.)

– Num calor desses como sua a bunda, não é mesmo?

(Como de *comer* e *sua* pronome possessivo.)

– Ontem, quando o tempo se preparou, tu sentiste o baita nuvão?

(Sentiste o baita *no vão*?)

– Eu tô com calor na bunda, tu não tá no pau?
(*Tu não tá no pau?* no sentido de estar sentado no pau.)

– Quente fez hoje, mas quente fará amanhã.
(Quem *te fez* hoje, quem *te fará* amanhã?)

– Que tempo raro, hein!
(O que *te empurraram,* hein!)

— Que tempo rei, hein!
(O que *te empurrei,* hein!)

— Águas caíam e o tempo urrava.
(*A guasca ia* e eu *te empurrava.*)

— Depois da chuva vem o sol e limpa isso tudo.
(Vem o sol e *lhe empissa* tudo.)

— É só uma chuvinha pro teu lado!
(*Seu macho vinha* prô teu lado.)

— Tá com frio?
— Tô.
— Então bota o cu no rio e dá um assobio pro teu tio que ele vem te buscar de navio.

As de bichos

O cão que late na água late em terra?
(*Lá te enterra?*)

— Em casa de tatu, tatu caminha dentro.
(Tá tu *com a minha dentro*.)

— Tu viste a onça?
— Qual é a onça?
— Aquela pintada que eu te dei.

– Jacaré no seco anda.
(Jacaré no *seu cu* anda.)

– O sapo pula e a rã caminha.
(O sapo pula e *tu arrancas a minha*.)

– O teu cachorro se chama Nabunda, tu vais pescar de canoa com ele. A canoa começa a afundar. Tu levas Nabunda ou tu deixas Nabunda?
Resposta contra-veneno:
– Nabunda nada.

– Num potreiro tem cem bois e um touro. Quantos paus e quantas bolas tem eles?

– Cento e um pau e duas bolas.

(*Sento em um pau e duas bolas* – é preciso explicar aos urbanos que boi é animal castrado e touro é bovino inteiro, ao contrário do "boi Bandido" da novela que era chamado de boi apesar do volumoso e pendular equipamento reprodutor.)

– Te lembra daquela pescaria: eu vá muçum e tu nem piava!

(Eu vá a *meter o muçum* e tu nem *piava* – do verbo piar.)

— Se não sair a pescaria posso enterrar a minhoca?

— Tu te lembras daquela caçada em que eu peguei um tucano e tu não pegaste nada? Tu voltaste pelado e eu com o tucano atrás!
(E eu *cutucando* atrás.)

As do verbo dar

— Tu tens hora pra dar?
— Não.
— Então tu dás a qualquer hora!

— Se tu pegares esta rua, onde é que tu vais dar?
(Sem comentário.)

– Deu pra passar na escola?
– Não, passei sem dar!

— Te deram um bilhete pra ti me dar?
— Não.
— Então me dá sem bilhete mesmo!

— Tu tens dado em casa?
(Joga com a palavra *dado* de jogar e *dado* do verbo dar.)

— Se eu comprar dez quilos de carne dá pra vinte comer?
(Esta é um clássico!)

— Tu és rico, pobre ou dá pra viver?

— Tu cantas muito bem. Tu dás pra um artista!
(variações: dás pra um advogado, dás pra um médico, dás pra um atleta.)

— Já deste o guri quando cu?

As de comidas & bebidas

(Comidas com trocadilho!)

– Gostas de verdura?
(Gostas de *ver* a coisa dura?)

– Se eu cozinho é só pra mim!
(*Seu cuzinho* é só pra mim!)

– Se eu cozinho não lavo.

– Vamos fazer uma janta lá em casa. Eu dou os ingredientes e tu dás o cozinho.

– Lá em casa só como se eu cozinho.
(Só *como seu cuzinho*.)

– Fui quebrar um ovo e tinha um pinto dentro. Imagina se eu cozinho com um pinto dentro!
(Imagina *seu cuzinho* com um pinto *dentro*.)

– Vai na feira e me compra uma dúzia dos mebaba.
– Mebaba o quê?
– Me baba os ovo.

— Eu agora só tomo água fervendo!
— Ué!? Por quê?
— Quero ver se cozinho por dentro!
(*Seu cuzinho* por dentro.)

— Tu sabes fazer uma batida? Então bate uma com mamão pra mim.
(Bate uma com *uma mão* pra mim — se refere à masturbação.)

— Alface você não tem, mas nabo você tinha.
(Mas *na bucetinha*.)

– Se tu fores na feira não te esquece, abaixaqui, medaocujá e ameixa.

– Quando tu vais na feira compras muita fruta ou só caqui?
(Muita fruta ou *soca aqui*?)

– Eu entro com a cerveja e tu a Coca.
(E tu *acoca*.)

— Como aumentou o preço das coisas. Tá caro tudo, tá caro a mandioca, tá caro até os ovos.
(*Tacaram* — do verbo tacar — até os ovos.)

— Tu gostas de sopa e doce?
(*só peidou-se*).

— Tu gostas de chope e dança?

— Vamos fazer um arroz com lingüiça lá em casa. Tu entras com o arroz e eu entro com a lingüiça.

– Vamos assar uma lingüiça na tua folga?

– Vamos fazer um churrasco. Tu trazes a carne que eu espeto.

– Vamos fazer uma massa com lingüiça. Eu entro com a lingüiça e tu a massa.
(Eu entro com a lingüiça e tu *amassa*.)

— Tô querendo comprar um fogão, tem um da marca Dako. Tu achas que Dako é bom?

— Lançaram a Coca de quatro litros. Agora se tu quiseres tem o litraço de quatro.
(*Lhe traço de quatro pés.*)

— Vamos almoçar depois da uma.
(Almoçar depois *dar uma* transada.)

– Tu gostas de Danoninho?
(Gostas de *dar no ninho*.)

– Te lembras daquele dia?
– Que dia?
– Que eu cagava e tu comia.
Resposta contra-veneno:
– Eu por cima te comia, por baixo saía cria.

– Tu gostas de Teem puro?
(*Te empurro*.)

– Tu gostas de leitinho puro?
(*Te empurro.*)

– Tomas destilado?
– Sim.
– E do outro lado também?

– Tô servindo a bebida – posso botar no teu copinho?
(*Copinho* em bagacerês = ânus.)

– Conheces a dieta de só capim canela?
(A dieta de *soca a pica nela*.)

– Esse teu problema pra resolver só com injeção de Nuko!
(Injeção de *no cu*.)

– Tu podes com o chá de tarde?
(Tu podes *coxear* de tarde?)

– Já tomaste chá de guascão?
(Guasca em gauchês = pênis.)

– Já tomaste chá de raiz de pau barbado?
(Sem comentários.)

– Tu tens que tomar o chá de minhápica.
(Chá de *minha pica*.)

– Tu tens que tomar injeção de Nukugenol intrapernosa.

As de lugares

— Quantas vezes a gente pegou o ônibus juntos! Tu sempre descias em São Sepé e eu em Caçapava.

(Descias em São Sepé e eu *encaçapava*.)

— Tu gostas muito de Novo Hamburgo porque é a terra do calçado.

(*Calçado* — indivíduo de membro grande.)

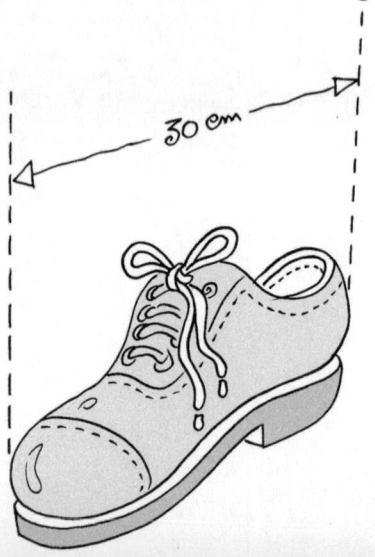

– Alegrete é vila ou é cidade?
– Claro que é cidade.
– Então me dá o cu por caridade.

— Cacimbinha é vila ou é cidade?
— Claro que é vila.
— Então me dá o cu por um pila!

— Tu sabes trepar à moda suíça?
— Não! Como é quié?
— Trepa com o cu pra não gastar a piça!

– Tu que estiveste em Paris, eu queria saber se tu viste.....?

– Viste o quê? A torre Eiffel? O arco do Triunfo?

– Não, queria saber se tu viste "o cabeção por aí"?

(Canta-se a musiquinha que todos os antigos conhecem!)

As de oportunidades & negócios

– Se tu economizares uma grana podes abrir o teu negócio que vai juntar gente.

— Vamos fazer uma troca: te dou uma calça novinha por duas furadas na bunda.

(Duas *furadas* – no sentido de fincadas.)

— Vamos trabalhar com um carrinho de picolé: eu empurro por trás e tu vais na frente gritando KIBON.

– Sabe aquele negócio que tu estavas agitando? Podes parar que melou!

– Sei que tu tens vale-transporte sobrando. Vende quatro pra mim?
(*Vem de quatro* pra mim?)

– Vamos arrendar uma terra e botar uma plantação de flores. Tu plantas rosas na frente e eu cravo atrás.
(*Cravo* – do verbo cravar.)

– O negócio da égua tá aberto, e o negócio do cavalo tá duro mas tá pra ti.

– O negócio tá encabeçado pra ti. Tens uma posição pra me dar que é prô negócio não ficar pendente?

– Aquele negócio que tu querias tá de pé.

– Com mil meu, com mil teu, quanto dá?
(Com mil meu, *comi* o teu.)

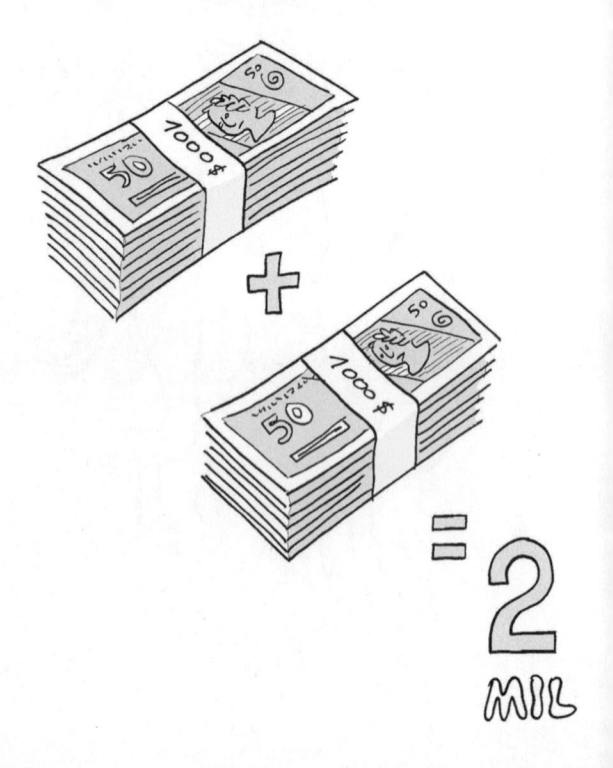

– Tens que negociar com um homem de negócio firme.

– Queres um emprego num hospital pra levar leitinho nos quartos?

— Queres um emprego naquela firma H. Romeu & Schupitz?

(*Agarra o meu e chupes.*)

— Já que tu estás sem emprego, queres pegar um bico?

(Imagine o leitor – bico do quê seria?)

— Tô vendendo uma pilcha de gaúcho: bombacha, guaiaca e tirador. A bombacha e a guaiaca são boas, mas o tirador é um tirador de merda. Queres o tirador de merda pra ti?

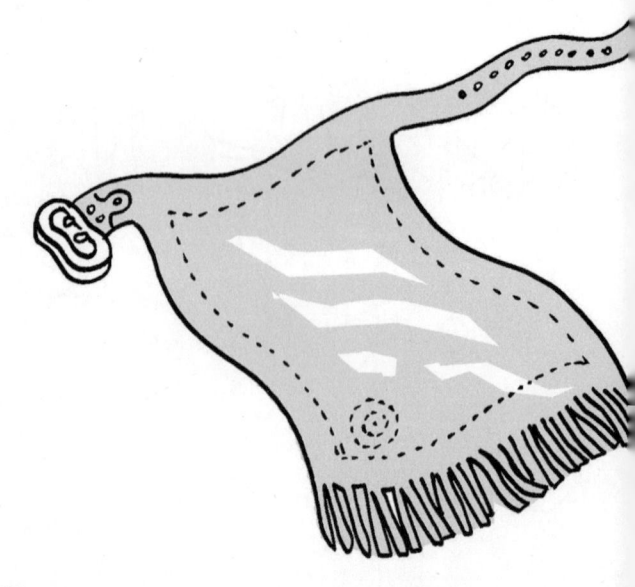

– A Paula vai pro Paraguai. Um uísque, um DVD, uma câmara digital, se tu quiseres é só falar comigo que a Paula trás.
(É só falar comigo que é *pau lá atrás*.)

– Tô com duas máquinas fotográficas lá em casa. Quer uma máquina minha?
(Quer *mamá aqui na minha?*)

— Tenho uma vara de pescar e um molinete pra vender. Quero 30 no molinete e 60 na vara.

(30 no molinete e *você senta* na vara.)

— Quero comprar aquela cama que tu tens pra vender, só que eu não posso pagar à vista. Tu me dás trinta dias na cama?

As de carros & veículos

— Tu nem Ford nem sai de Simca.

– Queres que eu te mostre a Paraty 2006?

– Me disseram que tu estás de carro novo. Me disseram que parece o Uno usado pela frente, mas Tipo zero por trás.
(*Te puseram por trás.*)

– O cara que tem posto aí atrás disse que tu tá com a roda suja.
(Que *tem posto* – do verbo pôr.)

– Me disseram que tu tens posto.
– Posto de gasolina?
– Não, tens posto na bunda d'um, na bunda d'outro!
(*Posto* no sentido de quem sacaneou alguém.)

– Vamos botar um negócio de bicicletas, eu compro as peças e monto. Aí tu vende quatro que eu te dou uma montada.

– Quem em Ford caminha sempre anda bem!
(*Em forca a minha.*)

– Vamos fazer um carrinho: tu entras com a roda que eu entro com o eixo.

— Conheço um gay que tá vendendo um carro financiado. É só tu dares o que ele deu e ficas com o carro!

— Me disseram que te viram faceiro numa D20 preta.

– Queres participar de um sorteio? Podes levar um Uno zerinho!
(Levar *um no zerinho*.)

As de esportes

— Vamos lá no campinho que eu vou te mostrar o meu jogo de bola.

– Que time é o teu?
(Quem *te meteu?*)
Resposta contra-veneno:
– Bangu, bola na rede, pau no teu cu!

— Se tu queres ir no jogo eu te dou uma entrada nas cadeiras.

— Volêi onde?
(*Vou lhe* onde?)

As de relações humanas

— Não deixe ninguém cair de pau em ti: mete a boca.

– Desculpa aquela coisa dura, acho que te machuquei por dentro.

– Desculpa por tudo, mas tu não deixa por menos.

– Tu tens outro por dentro!

– Tu já te livrou daquele pau no cu que tava te incomodando?

— Como vai a velha?
— Que velha?
— Aquela velha mania de dar.

— Me disseram que na festa tu estavas com a louca.
— Que louca?
— Aquela louca mania de dar.

— Ontem à noite tu parecias um violino, eu passava a vara e tu só gemias!

— Não bota a mãe no meio que eu boto no meio da mãe.

— Tu tens parente que tem terra lá fora?
(Parente que *te enterra*.)

— Tu és o cara que mais caminha.
(O cara que *masca a minha*.)

— Teu pai tem terra lá fora?

— Tu que és um cara que madruga, amanhã cedo tu agarra e me acorda.
(Tu *agarra a minha corda*.)

– Eu gosto de correr e tu só caminha atrás.
(Tu *soca a minha* atrás.)

– Te lembras quando morreu o Muçum dos Trapalhões? O que tu sentiste quando enterraram o Muçum?

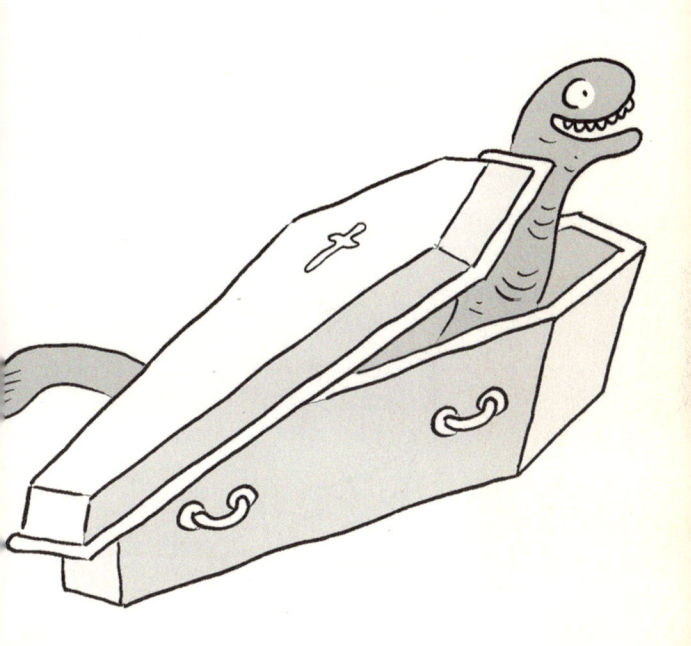

— Dia de chuva é bom pra quem tem terra.

— Tu sempre foste fã do palhaço Carequinha. Tu choraste quando enterraram o Carequinha?

— Agora que tu estás ficando velho, tu pegas a se cuidar.

(Pega esse *cu e dá*.)

— Tu és um verdadeiro enviado do céu!

(*Veado* do céu.)

— Vou fazer uma roda de mate, queres que eu te bote na roda?

– Cuidado com essas brincadeiras, assim tu ficas queimado na roda.

– E aquela dor de cabeça que tu tinhas? Já passou a cabeça?

– Percebi que tu és calmo só na frente dos outros. Por trás tu és bem estourado!

— Chega de andar por baixo! Agora só o cume interessa.

As genéricas & sortidas

— Eu gosto muito de leitura, mas lê como, de noite? Se vou lê, rasgo.
(*Lhe como* de noite — *lhe rasgo*).

— Eu vou instalar um fogãozinho de lenha no meu apartamento.
— Sim, mas onde é que tu vais botar o cano de fumaça?
— No teu rabo!

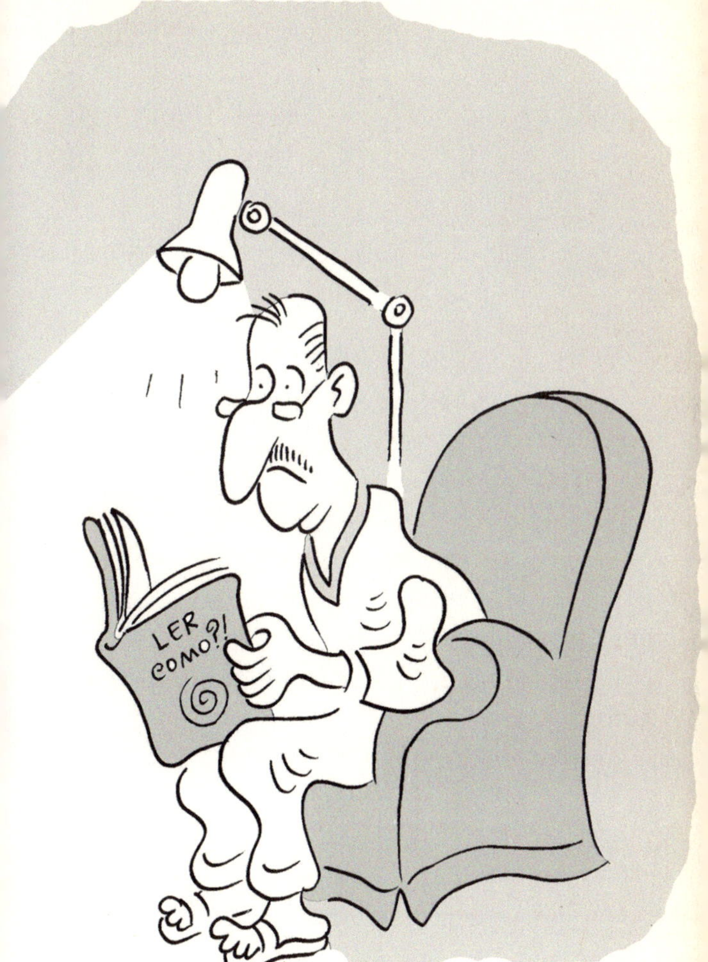
LER COMO?!

— Tu que já foste soldado, que cor é o tiro de noite?

(Que cor *eu tiro* de noite.)

– Tu pintas como eu pinto?
(Pintas *com o meu* pinto.)
Resposta contra-veneno:
– Não pinto com brocha, pinto com rolo.

– E aquele teu aparelho de som?
– Que aparelho de som?
– Aquele que faz "prrrum".

— Quanto tu calças de pé?
Resposta contra-veneno:
— O mesmo que tu calças deitado.

— Anota meu telefone novo: três, dois, meia...
— Meia o quê?
— Meia mole, meia dura.

– Tu viste o desfile das escolas de samba? Não ficaste emocionado quando entrou a Mangueira?

– Tu bates bronha? Quanto tu cobras pra me bater uma?

— Já que tu estás com máquina fotográfica, me bate uma?

— Cadê a revista aquela?
— Que revista?
— Aquela rasgada que eu te dei.

— Tu fazes conta de cabeça?
— Não.
— Então posso botar tudo.

— Na minha casa não se racha lenha, na tua racha?
(Na tua *racha* – como substantivo.)

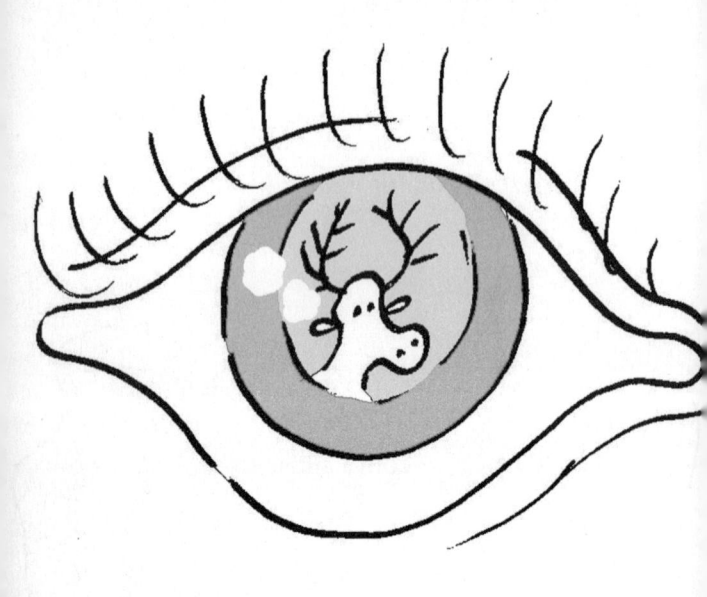

– Na tua casa não se pica fumo, na minha pica.

– Tô com o olho enuveado.
(Com o olho *no veado*.)

– Viste o Fantástico ontem?

– Não vais querer alguma coisa de fora?

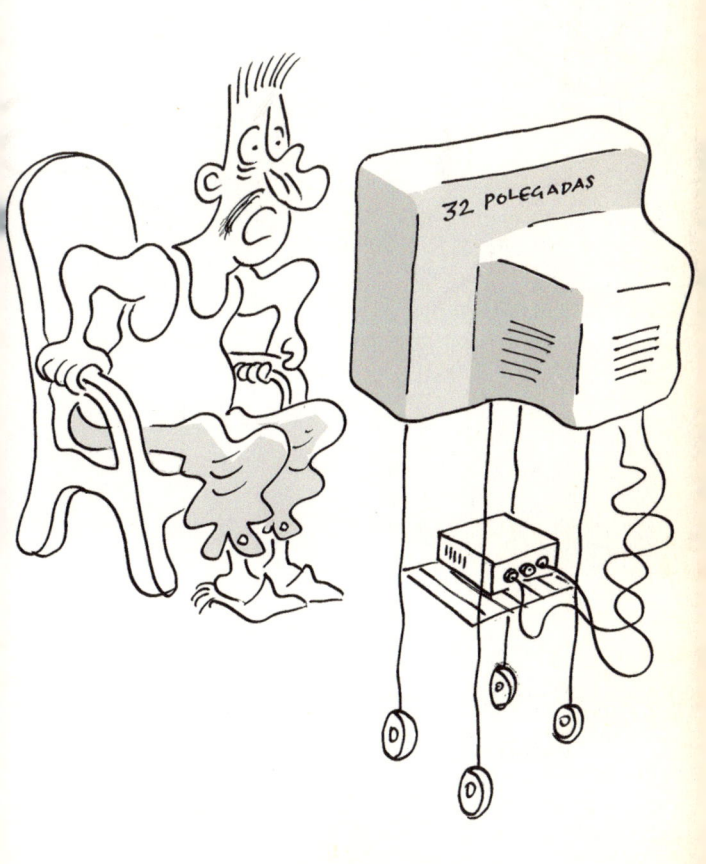

— Tu chegaste há pouco de fora?
(Chegastes a *pôr o cu* de fora?)

— Tu estás perdendo cabelo, tu já tens entrada pra careca.
(*Pra o careca.*)

— Tô com coceira no tico meu.
(*Te comeu.*)

— Se for de noite vou eu, e tu se for dia.
(E tu se *fodia.*)

— Tu está indo no centro? Podes levar uma cunhada minha no centro?

— Se não tiver roupa nova eu passo o ferro na velha.

— E essa camisa floreada? Já vem pra homem?
Resposta contra-veneno:
— Por quê? Queres comprar uma pro teu?
(outro grande clássico.)

— Tu sempre usas bota vermelha. Já vi que tu gostas de ter bota vermelha nas pernas?
(*Te boto a vermelha nas pernas.*)

— Quando eu calço bota me dói o pé. Bota em ti não dói?

— Esta noite sonhei com nós dois pelados correndo: eu vinha disparando e tu atrás com a vara em riste.
— Então eu tava te fazendo?
— Não! Tu vinhas gritando desesperado: "Agora é a minha vez, agora é a minha vez"!

— Tu viste no programa do Jô que ele disse que metade dos gaúchos vê o programa dele enquanto a outra metade fica dando?
— Não, não vi.
— Então tu tavas dando!

— Tu viste aquele filme "Os gays dizem não"?
— Não!
— Quá! Quá! Quá!

— O que é um troço roliço e com o pé cabeludo?
Se adivinhar ganha a metade e se errar ganha tudo!

As modernas

— Conhece o Ferreira?
— Qual é o Ferreira?
— Aquele que te agarrou atrás da geladeira.

— Conhece o Max?
— Que Max?
— Aquele que te agarrou atrás do fax.

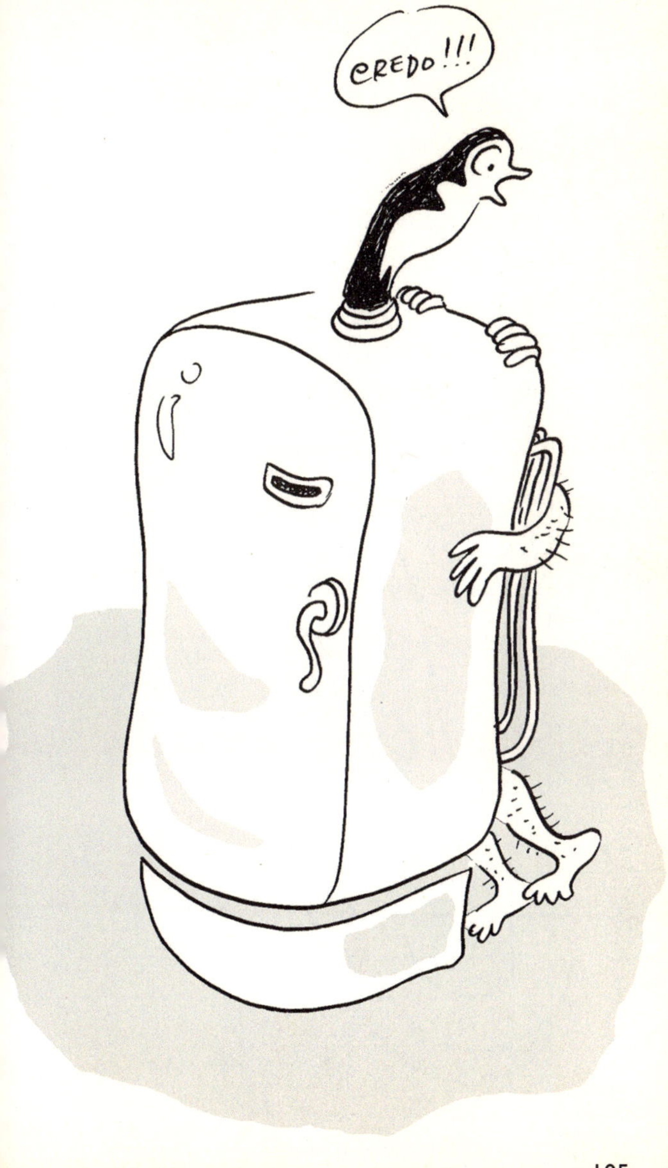
CREDO!!!

– Conhece o Valdemar?
– Qual é o Valdemar?
– Aquele que te comeu a troco de um celular.

– Conhece o Valmor?
– Qual é o Valmor?
– Aquele que te agarrou atrás do computador.

– Se tu tens internet eu posso botar no teu e-meio?

Agradecimentos

Aos seríssimos e austeros senhores pais de família que sugeriram empulhas e pegadinhas: Kayser, Leonardo Ramos, Guaraci Fraga, Alfeu Viçosa, Edgar Vasques, Bicó Guazzelli, delegado Antônio Ovídio, Marco Túlio Coruja, Ernani do Tutti Giorni, Quito Abreu, Gilmar Rosso (e outros beatos que não lembro).

Coleção **L&PM** POCKET (LANÇAMENTOS MAIS RECENTES)

112. **O solteirão nobre** – Conan Doyle
114. **Shakespeare de A a Z** – Shakespeare
115. **A relíquia** – Eça de Queiroz
117. **Livro do corpo** – Vários
118. **Lira dos 20 anos** – Álvares de Azevedo
119. **Esaú e Jacó** – Machado de Assis
120. **A barcarola** – Pablo Neruda
121. **Os conquistadores** – Júlio Verne
122. **Contos breves** – G. Apollinaire
123. **Taipi** – Herman Melville
124. **Livro dos desaforos** – org. de Sergio Faraco
125. **A mão e a luva** – Machado de Assis
126. **Doutor Miragem** – Moacyr Scliar
127. **O penitente** – Isaac B. Singer
128. **Diários da descoberta da América** – C. Colombo
129. **Édipo Rei** – Sófocles
130. **Romeu e Julieta** – Shakespeare
131. **Hollywood** – Charles Bukowski
132. **Billy the Kid** – Pat Garrett
133. **Cuca fundida** – Woody Allen
134. **O jogador** – Dostoiévski
135. **O livro da selva** – Rudyard Kipling
136. **O vale do terror** – Arthur Conan Doyle
137. **Dançar tango em Porto Alegre** – S. Faraco
138. **O gaúcho** – Carlos Reverbel
139. **A volta ao mundo em oitenta dias** – J. Verne
140. **O livro dos esnobes** – W. M. Thackeray
141. **Amor & morte em Poodle Springs** – Raymond Chandler & R. Parker
142. **As aventuras de David Balfour** – Stevenson
143. **Alice no país das maravilhas** – Lewis Carroll
144. **A ressurreição** – Machado de Assis
145. **Inimigos, uma história de amor** – I. Singer
146. **O Guarani** – José de Alencar
147. **A cidade e as serras** – Eça de Queiroz
148. **Eu e outras poesias** – Augusto dos Anjos
149. **A mulher de trinta anos** – Balzac
150. **Pomba enamorada** – Lygia F. Telles
151. **Contos fluminenses** – Machado de Assis
152. **Antes de Adão** – Jack London
153. **Intervalo amoroso** – A. Romano de Sant'Anna
154. **Memorial de Aires** – Machado de Assis
155. **Naufrágios e comentários** – Cabeza de Vaca
156. **Ubirajara** – José de Alencar
157. **Textos anarquistas** – Bakunin
158. **O pirotécnico Zacarias** – Murilo Rubião
159. **Amor de salvação** – Camilo Castelo Branco
160. **O gaúcho** – José de Alencar
161. **O livro das maravilhas** – Marco Polo
162. **Inocência** – Visconde de Taunay
163. **Helena** – Machado de Assis
164. **Uma estação de amor** – Horácio Quiroga
165. **Poesia reunida** – Martha Medeiros
166. **Memórias de Sherlock Holmes** – Conan Doyle
167. **A vida de Mozart** – Stendhal
168. **O primeiro terço** – Neal Cassady
169. **O mandarim** – Eça de Queiroz
170. **Um espinho de marfim** – Marina Colasanti
171. **A ilustre Casa de Ramires** – Eça de Queiroz
172. **Lucíola** – José de Alencar
173. **Antígona** – Sófocles – trad. Donaldo Schüler
174. **Otelo** – William Shakespeare
175. **Antologia** – Gregório de Matos
176. **A liberdade de imprensa** – Karl Marx
177. **Casa de pensão** – Aluísio Azevedo
178. **São Manuel Bueno, Mártir** – Unamuno
179. **Primaveras** – Casimiro de Abreu
180. **O noviço** – Martins Pena
181. **O sertanejo** – José de Alencar
182. **Eurico, o presbítero** – Alexandre Herculano
183. **O signo dos quatro** – Conan Doyle
184. **Sete anos no Tibet** – Heinrich Harrer
185. **Vagamundo** – Eduardo Galeano
186. **De repente acidentes** – Carl Solomon
187. **As minas de Salomão** – Rider Haggar
188. **Uivo** – Allen Ginsberg
189. **A ciclista solitária** – Conan Doyle
190. **Os seis bustos de Napoleão** – Conan Doyle
191. **Cortejo do divino** – Nelida Piñon
192. **Cassino Royale** – Ian Fleming
193. **Viva e deixe morrer** – Ian Fleming
194. **Os crimes do amor** – Marquês de Sade
195. **Besame Mucho** – Mário Prata
196. **Tuareg** – Alberto Vázquez-Figueroa
197. **O longo adeus** – Raymond Chandler
198. **Os diamantes são eternos** – Ian Fleming
199. **Notas de um velho safado** – C. Bukowski
200. **111 ais** – Dalton Trevisan
201. **O nariz** – Nicolai Gogol
202. **O capote** – Nicolai Gogol
203. **Macbeth** – William Shakespeare
204. **Heráclito** – Donaldo Schüler
205. **Você deve desistir, Osvaldo** – Cyro Martins
206. **Memórias de Garibaldi** – A. Dumas
207. **A arte da guerra** – Sun Tzu
208. **Fragmentos** – Caio Fernando Abreu
209. **Festa no castelo** – Moacyr Scliar
210. **O grande deflorador** – Dalton Trevisan
211. **Corto Maltese na Etiópia** – Hugo Pratt
212. **Homem do princípio ao fim** – Millôr Fernandes
213. **Aline e seus dois namorados** – A. Iturrusgarai
214. **A juba do leão** – Sir Arthur Conan Doyle
215. **Assassino metido a esperto** – R. Chandler
216. **Confissões de um comedor de ópio** – T. De Quincey
217. **Os sofrimentos do jovem Werther** – Goethe
218. **Fedra** – Racine / Trad. Millôr Fernandes
219. **O vampiro de Sussex** – Conan Doyle
220. **Sonho de uma noite de verão** – Shakespeare
221. **Dias e noites de amor e de guerra** – Galeano
222. **O Profeta** – Khalil Gibran
223. **Flávia, cabeça, tronco e membros** – M. Fernandes
224. **Guia da ópera** – Jeanne Suhamy

225. **Macário** – Álvares de Azevedo
226. **Etiqueta na prática** – Celia Ribeiro
227. **Manifesto do partido comunista** – Marx & Engels
228. **Poemas** – Millôr Fernandes
229. **Um inimigo do povo** – Henrik Ibsen
230. **O paraíso destruído** – Frei B. de las Casas
231. **O gato no escuro** – Josué Guimarães
232. **O mágico de Oz** – L. Frank Baum
233. **Armas no Cyrano's** – Raymond Chandler
234. **Max e os felinos** – Moacyr Scliar
235. **Nos céus de Paris** – Alcy Cheuiche
236. **Os bandoleiros** – Schiller
237. **A primeira coisa que eu botei na boca** – Deonísio da Silva
238. **As aventuras de Simbad, o marújo**
239. **O retrato de Dorian Gray** – Oscar Wilde
240. **A carteira de meu tio** – J. Manuel de Macedo
241. **A luneta mágica** – J. Manuel de Macedo
242. **A metamorfose** – Kafka
243. **A flecha de ouro** – Joseph Conrad
244. **A ilha do tesouro** – R. L. Stevenson
245. **Marx - Vida & Obra** – José A. Giannotti
246. **Gênesis**
247. **Unidos para sempre** – Ruth Rendell
248. **A arte de amar** – Ovídio
249. **O sono eterno** – Raymond Chandler
250. **Novas receitas do Anonymus Gourmet** – J.A.P.M.
251. **A nova catacumba** – Arthur Conan Doyle
252. **O dr. Negro** – Arthur Conan Doyle
253. **Os voluntários** – Moacyr Scliar
254. **A bela adormecida** – Irmãos Grimm
255. **O príncipe sapo** – Irmãos Grimm
256. **Confissões e Memórias** – H. Heine
257. **Viva o Alegrete** – Sergio Faraco
258. **Vou estar esperando** – R. Chandler
259. **A senhora Beate e seu filho** – Schnitzler
260. **O ovo apunhalado** – Caio Fernando Abreu
261. **O ciclo das águas** – Moacyr Scliar
262. **Millôr Definitivo** – Millôr Fernandes
264. **Viagem ao centro da Terra** – Júlio Verne
265. **A dama do lago** – Raymond Chandler
266. **Caninos brancos** – Jack London
267. **O médico e o monstro** – R. L. Stevenson
268. **A tempestade** – William Shakespeare
269. **Assassinatos na rua Morgue** – E. Allan Poe
270. **99 corruíras nanicas** – Dalton Trevisan
271. **Broquéis** – Cruz e Sousa
272. **Mês de cães danados** – Moacyr Scliar
273. **Anarquistas – vol. 1 – A idéia** – G. Woodcock
274. **Anarquistas – vol. 2 – O movimento** – G. Woodcock
275. **Pai e filho, filho e pai** – Moacyr Scliar
276. **As aventuras de Tom Sawyer** – Mark Twain
277. **Muito barulho por nada** – W. Shakespeare
278. **Elogio à loucura** – Erasmo
279. **Autobiografia de Alice B. Toklas** – G. Stein
280. **O chamado da floresta** – J. London
281. **Uma agulha para o diabo** – Ruth Rendell
282. **Verdes vales do fim do mundo** – A. Bivar
283. **Ovelhas negras** – Caio Fernando Abreu
284. **O fantasma de Canterville** – O. Wilde
285. **Receitas de Yayá Ribeiro** – Celia Ribeiro
286. **A galinha degolada** – H. Quiroga
287. **O último adeus de Sherlock Holmes** – A. Conan Doyle
288. **A. Gourmet *em* Histórias de cama & mesa** – J. A. Pinheiro Machado
289. **Topless** – Martha Medeiros
290. **Mais receitas do Anonymus Gourmet** – J. A. Pinheiro Machado
291. **Origens do discurso democrático** – D. Schüler
292. **Humor politicamente incorreto** – Nani
293. **O teatro do bem e do mal** – E. Galeano
294. **Garibaldi & Manoela** – J. Guimarães
295. **10 dias que abalaram o mundo** – John Reed
296. **Numa fria** – Charles Bukowski
297. **Poesia de Florbela Espanca** vol. 1
298. **Poesia de Florbela Espanca** vol. 2
299. **Escreva certo** – É. Oliveira e M. E. Bernd
300. **O vermelho e o negro** – Stendhal
301. **Ecce homo** – Friedrich Nietzsche
302. **Comer bem, sem culpa** – Dr. Fernando Lucchese, A. Gourmet e Iotti
303. **O livro de Cesário Verde** – Cesário Verde
304. **O reino das cebolas** – C. Moscovich
305. **100 receitas de macarrão** – S. Lancellotti
306. **160 receitas de molhos** – S. Lancellotti
307. **100 receitas light** – H. e Â. Tonetto
308. **100 receitas de sobremesas** – Celia Ribeiro
309. **Mais de 100 dicas de churrasco** – Leon Diziekaniak
310. **100 receitas de acompanhamentos** – C. Cabeda
311. **Honra ou vendetta** – S. Lancellotti
312. **A alma do homem sob o socialismo** – Oscar Wilde
313. **Tudo sobre Yôga** – Mestre De Rose
314. **Os varões assinalados** – Tabajara Ruas
315. **Édipo em Colono** – Sófocles
316. **Lisístrata** – Aristófanes / trad. Millôr
317. **Sonhos de Bunker Hill** – John Fante
318. **Os deuses de Raquel** – Moacyr Scliar
319. **O colosso de Marússia** – Henry Miller
320. **As eruditas** – Molière / trad. Millôr
321. **Radicci 1** – Iotti
322. **Os Sete contra Tebas** – Ésquilo
323. **Brasil Terra à vista** – Eduardo Bueno
324. **Radicci 2** – Iotti
325. **Júlio César** – William Shakespeare
326. **A carta de Pero Vaz de Caminha**
327. **Cozinha Clássica** – Sílvio Lancellotti
328. **Madame Bovary** – Gustave Flaubert
329. **Dicionário do viajante insólito** – M. Scliar
330. **O capitão saiu para o almoço...** – Bukowski
331. **A carta roubada** – Edgar Allan Poe
332. **É tarde para saber** – Josué Guimarães
333. **O livro de bolso da Astrologia** – Maggy Harrisonx e Mellina Li
334. **1933 foi um ano ruim** – John Fante
335. **100 receitas de arroz** – Aninha Comas
336. **Guia prático do Português correto – vol. 1** – Cláudio Moreno